L'OUVRIER

LE BOURGEOIS

LE PAYSAN

PAR

MATHURIN BONSENS

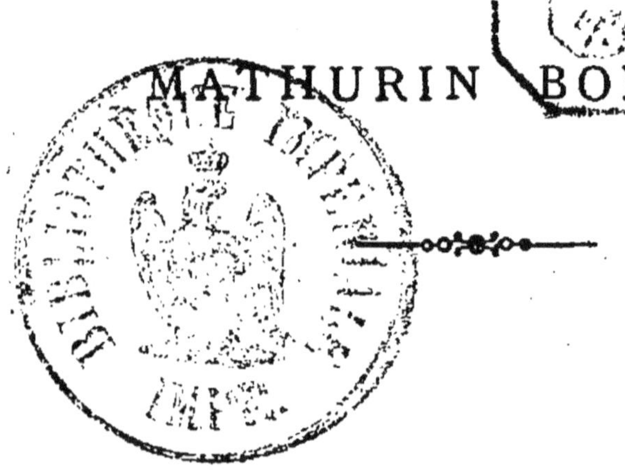

PARIS

E. DENTU, LIBRAIRE

17-19, GALERIE D'ORLÉANS

—

1869

TIMBRE IMPERIAL.
SEINE

I

PARIS (l'Ouvrier

Moi. — C'est donc pour monsieur... je me trompe, pour le citoyen Gambetta que vous voulez voter ?

L'ouvrier Pierre. — Certainement. Celui-là, au moins, est l'un des nôtres, comme ils disent à l'atelier.

Moi. — L'un des vôtres ? Je le croyais avocat !

Pierre. — Il est avocat, c'est vrai ; mais l'avocat de la bonne cause et des bons principes...

Moi. — Qu'entendez-vous par la bonne cause et les bons principes ?

Pierre. — Dam! la bonne cause ? c'est celle qui plaide pour que l'ouvrier ait toujours du travail. Les bons principes ? c'est que l'ouvrier soit bien payé. Je ne suis pas de ceux qui veulent obtenir tout ça sans se donner de la peine, et je ne boude pas à l'ouvrage, mais M. Gambetta nous a prouvé que l'on n'arriverait à ce résultat que par la liberté, l'égalité et la fraternité ou la mort... Et c'est pour cela que je voterai pour lui....

Moi. — Alors, vous croyez qu'il suffit de

nommer le citoyen Gambetta pour que les commandes arrivent à votre patron ?

PIERRE. — Pas M. Gambetta tout seul, mais s'il n'y avait que des gaillards comme lui à la Chambre, il faudrait bien que ça vienne.

MOI. — Comment, *il faudrait bien...* Mais vous oubliez, Pierre, qu'il y a vingt ans vous aviez une Chambre où il y avait pas mal de Gambetta qui voulaient encore plus que lui la liberté, l'égalité et la fraternité. Vous devez même vous rappeler qu'ils l'avaient inscrit sur toutes les murailles... Eh bien ! l'ouvrage allait-il bien fort ?

PIERRE. — Pour ça, non. Et la preuve, c'est que nous avons eu bien du mal à join-

dre les deux bouts en faisant des demi-jour-
nées, des tiers de journée..... C'était la misère, quoi!

Moi. — Savez-vous la cause de cette misère ?

Pierre. — Ma foi non, Monsieur.

Moi. — Eh bien ! mon ami, c'est qu'à côté
du citoyen Gambetta il y en a toujours un
plus citoyen et plus Gambetta que lui. A côté
de celui qui veut la liberté raisonnable, il y
a celui qui veut la liberté déraisonnable. A
côté de celui qui veut l'égalité, c'est-à-dire
la même justice pour tous, il y a celui qui ne
veut de justice que pour lui seul. A côté de
celui qui veut la fraternité par l'aide que
tous les hommes se doivent entre eux, il y a

celui qui veut être nourri sans rien faire par ses concitoyens qui travaillent... Celui-là ne risque rien, n'a rien à perdre, et, comme il ne peut pas donner de bonnes raisons, il prend un fusil dont les balles vont effacer des murs où ils étaient écrits les mots : *liberté, égalité* et *fraternité*, en n'y laissant que la *mort*.

Pierre. — Ça n'est pas ce qu'ils disent à l'atelier...

Moi. — Laissez-moi finir, ami Pierre. Comme après tout — grâce à Dieu — les honnêtes gens sont les plus nombreux, bien qu'ils ne soient pas toujours les plus hardis, il s'élève des réclamations qui couvrent de leur bruit les explosions des fusillades ; et la majorité des citoyens s'empresse de remettre la direction des affaires publiques à quelqu'un qui veille à ce qu'ils jouissent paisiblement du fruit de leur travail. Ils sacrifient, j'en conviens, un peu de liberté pour soutenir leur famille... Mais, ami Pierre, avouez que la chose en vaut la peine. Voilà ce qui vous est arrivé... Vous devez vous en souvenir.

PIERRE. — Pour cela... oui, mais nous avons vingt ans de plus, Monsieur, l'expérience nous est venue, et nous savons mieux ce que nous voulons et ce que nous pouvons demander...

Moi. — Ah ! et c'est parce que l'expérience vous est venue que vous voulez recommencer exactement la même chose ! Mais croyez-vous donc qu'il n'y ait eu aucun progrès depuis le jour où, comme je vous le disais, vous avez dû remettre vos droits en-

tre les mains de l'homm e qui devait garantir votre vie et le libre exercice de vos bras !
Est-ce qu'alors vous aviez le droit de vous concerter avec vos compagnons, si vous trouviez que votre patron ne vous payait pas suffisamment ? Est-ce que jadis vous pouviez, avec un faible sacrifice, vous assurer contre les accidents et penser que votre femme et vos petits enfants ne seraient pas réduits à la misère si vous veniez à mourir ? Est-ce que vous pouviez, comme vous l'avez fait hier, aller entendre le citoyen Gambetta et juger si le programme qu'il vous présente est bien réalisable ?

PIERRE. — Je ne dis pas, Monsieur ; mais à l'atelier, ils disent comme ça qu'on pourrait aller plus vite, et que c'est pour cela qu'il faut nommer M. Gambetta...

Moi. — Aller plus vite ? Raisonnons. Vous êtes ébéniste, n'est-ce pas ?

Pierre. — Sans doute.

Moi. — Quand vous faites une commode, est-ce que vous vous contentez de coller les planches pour livrer de suite le meuble à l'acheteur ?

Pierre. — Non, Monsieur ; après avoir collé chaque pièce, je les laisse bien sécher, et c'est quand elles sont bien sèches que je les assemble...

Moi. — Eh bien ! mon ami, la liberté est bien plus difficile à établir qu'un meuble... Il faut plus de temps pour faire sécher et ajuster les pièces qui la constituent, et si on veut que ces pièces-là tiennent, il faut du temps. M. Gambetta, lui, pense qu'il suffit de prendre des planches, un peu de colle et que le meuble est prêt... Etes-vous de son avis?

PIERRE. — Vous avez peut-être raison et il a peut-être tort.... Pourtant, à l'atelier, il y en a beaucoup qui disent comme lui !... Il est vrai que ce ne sont pas les meilleurs compagnons, par exemple !

II

LA PROVINCE (le Bourgeois)

Le bourgeois Durand. — ..... Il me semble pourtant que cela tombe sous le sens... Si la Constitution nous a accordé des députés pour contrôler les actes du gouvernement, ce n'est pas à ce même gouvernement qu'il appartient de nommer ceux qui sont chargés d'examiner sa besogne...

Moi. — Très-bien! Aussi n'est-ce pas le gouvernement mais nous, qui voterez di-manche prochain.

M. Durand. — Je vous l'accorde... Mais M. le Préfet n'a-t-il pas fait connaître dans tout le département quel était le candidat officiel, et ce candidat lui-même ne s'est-il pas présenté comme ayant l'appui de l'administration ?

Moi. — Êtes-vous libre de lui donner votre voix ou de lui préférer un autre concurrent... oui ou non ?

M. Durand. — Certainement, Monsieur, je suis libre, et c'est pour cela que je ne voterai pas pour lui.

Moi. — Que demandez-vous de plus, alors ?

M. Durand. — Ce que je demande ? je demande que le préfet n'exerce pas de pression.

Moi. — Quelle pression exerce-t-il donc ?

M. Durand. — A la dernière révision, il a réuni le conseil municipal, puis les pompiers, et il leur a fait connaître qu'il pensait que, puisque les choses avaient bien marché jusqu'à présent, puisqu'à côté de l'ordre qui avait permis la reprise des affaires, étaient venues successivement se grouper toutes les libertés utiles, qu'on avait entourées de garanties suffisantes pour qu'elles ne puissent pas dégénérer en licence, le préfet, dis-je, a publiquement prétendu que, pour maintenir le pays dans cette voie progressive, il fallait nommer les candidats officiels.

Moi. — Vous appelez ça une pression ? et vous vous croyez obligé de nommer ce candidat ?

M. Durand. — Mais pas du tout... Et même je l'ai dit au préfet lui-même...

Moi. — Alors, il vous a demandé de donner votre démission d'adjoint au maire, de membre du bureau de bienfaisance, de...

M. Durand. — Il ne m'en a pas parlé et nous nous sommes quittés les meilleurs amis du monde...

Moi. — Où est donc la pression dont vous me parliez tout à l'heure ? Y a-t-il eu dans votre département beaucoup de fonctionnaires renvoyés et de maires destitués parce qu'ils n'avaient pas suffisamment appuyé les candidats officiels ?

M. Durand. — Pas un seul.

Moi. — Eh bien ! à qui en avez-vous ?...

Comment ! monsieur Durand, vous ne voulez pas qu'au moment où l'on renouvelle le parlement, au moment où toutes les opinions sont libres de s'affirmer (ce qui est indispensable pour avoir une majorité représentant bien le pays), vous ne voulez pas, dis-je, permettre au gouvernement de vous désigner les hommes qu'il croit le plus propres à le seconder, ceux dont il préférerait le contrôle, parce qu'il est convaincu qu'ils veulent comme lui l'ordre et le progrès ! Je vous trouve absolument libre d'agir à votre guise, de voter suivant votre conscience, — et je cherche en vain les traces de cette pression dont on parle tant et qu'on ne rencontre nulle part.

M. DURAND. — Voyons, Monsieur, vous ne pouvez nier que vos candidats aient voté toujours et partout avec le gouvernement?

Moi. — Je vous l'accorde volontiers... Mais croyez-vous que la loi sur la presse, celle sur les réunions et tant d'autres qu'ils ont fait passer soient efficaces ?

M. Durand. — Sans aucun doute... mais je suis persuadé que nous pourrions avoir des lois plus libérales encore...

Moi. — Moi aussi, M. Durand, et je suis convaincu que nous les aurons. Les années qui viennent de s'écouler attestent que le gouvernement, qui n'est pas celui de tel ou tel département, de telle ou telle ville, mais de tout l'ensemble de la France ; les années passées attestent que le gouvernement ne demande qu'à nous donner progressivement toutes les libertés possibles. De quoi vous plaignez-vous alors et pourquoi combattez-vous par des exigences au moins prématurées l'élection de citoyens tout disposés à seconder le gouvernement dans la voie où il est entré ?

M. Durand. — Vous pouvez avoir raison... Mais encore faut-il que ce citoyen soit librement choisi...

Moi. — Mais qui vous empêche d'écrire sur votre bulletin le nom de l'homme de votre choix ?

M. Durand. — Personne.

Moi. — Vous reconnaissez donc que le gouvernement vous *désigne* un homme et ne vous l'*impose* point...

M. Durand. — Je le reconnais.

Moi. — C'est tout ce que je voulais, mon cher monsieur Durand.

III

LA CAMPAGNE (le Paysan)

Moi.—Eh bien ! Jacques, et les élections?

Le paysan Jacques. — A vrai dire, mon
bon Monsieur, les foins sont en retard et je
n'ai pas trop le temps de m'en occuper,..
Mais dimanche, il y avait réunion chez nous...
Ils ont tous parlé... un surtout que je serais
bien aise de nommer parce qu'il disait comme ça qu'il ne fallait plus d'impôts, plus de
conscrits, mais qu'il voulait des chemins et
des écoles partout. Pour ce qui est des écoles, il ne faut pas trop crier ; car depuis un

an, nous en avons une belle, où mon petit Jacques et ma petite Jacqueline vont apprendre à lire pendant que je suis aux champs. Aussi, je ne m'inquiète que de l'abolition du tirage au sort. Plus de conscrits ! ! ! C'est ça tout de même qui serait une fameuse affaire !

Moi. — Et vos chemins, Jacques... vous n'y pensez pas ?

Jacques. — Oh que si... et même que si celui qu'est en train pouvait être terminé pour le printemps prochain, ça serait une fière allégeance pour nos *fumures !*

Moi. — Et pourquoi ne serait-il pas terminé ?

Jacques. — C'est qu'il coûte un peu cher...

et qu'il n'y a plus d'argent dans la caisse de la commune, rapport à la maison d'école qu'il faut finir de payer.

Moi. — On ne fait donc pas vos chemins pour rien ?

Jacques. — Monsieur veut rire ; il le sait pardi bien !

Moi. — Mais s'il faut de l'argent pour les chemins, pour l'école... comment ce monsieur, qui ne veut plus d'impôts, fera-t-il pour vous en donner ?

Jacques. — C'est vrai tout de même qu'il ne l'a pas dit... Il n'y a peut-être pas pensé...

Moi. — Je le crois. Mais il ne faut pas

seulement de l'argent pour les chemins et les écoles... Et le garde champêtre, qui empêche les maraudeurs de voler vos fruits, et le gendarme, qui empêche les vagabonds de tordre le cou de vos poules, et le curé, qui apprend à vos enfants à aimer le bon Dieu, à vous respecter, à rester honnêtes, et qui fera faire à Jacqueline sa première communion, qui est-ce qui les payera?

Jacques. — Dam! le monsieur ne l'a pas dit..?

Moi. — Je m'en doute. Mais supposez, Jacques, que ce monsieur vous ait donné de l'argent pour les écoles, les chemins, les curés, les gardes champêtres et les gendarmes; supposez que des voisins méchants, des étrangers, envahissent vos campagnes.

pillent votre récolte, brûlent votre cabane et emmènent Jacqueline, seriez-vous bien content?

JACQUES. — Oh! pour ça, non! et m'est avis qu'il faudrait des gens pour nous protéger de tout ça.

MOI. — Oui! il faut des soldats, des officiers pour commander les soldats et des généraux pour commander les officiers! Et comment voulez-vous avoir des soldats, des officiers et des généraux sans avoir des conscrits?

JACQUES. — Ça serait difficile tout de même et le monsieur n'en a pas parlé...

MOI. — Eh bien! Jacques, savez-vous pourquoi ce monsieur ne vous en a pas parlé?

Jacques. — Ma foi, non.

Moi.— C'est parce qu'il ne le sait pas lui-même, et que, quand bien même vous le nommeriez, cela ne vous donnerait pas le moyen qu'on n'a pas trouvé et qu'on ne trouvera jamais, de construire des chemins, de bâtir des écoles, d'avoir des curés, des gardes champêtres et des gendarmes sans les payer, et de défendre son champ contre l'étranger sans avoir des soldats...

Jacques. — Vous avez raison tout de même.

MATHURIN BONSENS.